Couverture inférieure manquante

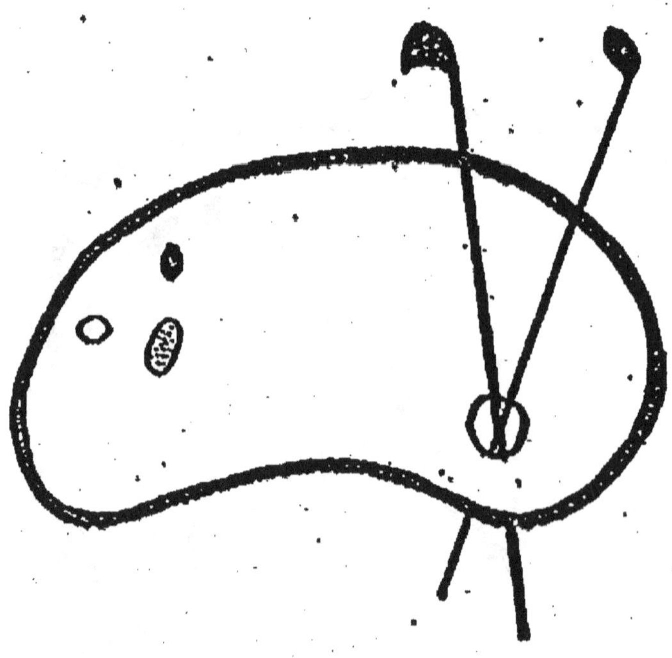

LES

RUINES DE PARIS

EN

1875

DOCUMENTS OFFICIELS ET INÉDITS

PARIS

LÉON WILLEM, ÉDITEUR

8, RUE DE VERNEUIL

1875

LES

RUINES DE PARIS

EN 1875

EXEMPLAIRES DE BIBLIOPHILES

250 TOUS NUMÉROTÉS

236 Papier de Hollande.
12 — Chine.
2 Parchemin.

N° 

Imp Houiste r Hautefeuille 3 Paris

LES RUINES DE PARIS EN 4875

DOCUMENTS OFFICIELS ET INÉDITS

RECUEILLIS ET PUBLIÉS

PAR

ALFRED FRANKLIN

PARIS

LÉON WILLEM
8, RUE DE VERNEUIL, 8

PAUL DAFFIS
7, RUE GUÉNÉGAUD, 7

1875

A SON EXCELLENCE

MONSIEUR

LE MINISTRE DE LA MARINE

ET DES COLONIES

A NOUMÉA (CALÉDONIE)

LES RUINES DE PARIS EN 4875

I

A Son Excellence Monsieur le Ministre de la Marine et des Colonies, à Nouméa (Calédonie).

En vue de Paris, le 20 mai 4875.

Monsieur le Ministre,

La flottille d'exploration dont Votre Excellence a bien voulu me donner le commandement a accompli la première partie de sa tâche.

Si, comme le veut la tradition, Nouméa doit son origine à une colonie parisienne, j'ai retrouvé le berceau de nos ancêtres. J'ai retrouvé la plus belle, la plus riche, la plus célèbre, la plus somptueuse ville du vieux monde; car c'est en vue des ruines de Paris que j'écris cette dépêche. Elle sera remise à Votre Excellence par le lieutenant de vaisseau Inveniès, qui a eu la gloire de poser le pied, le premier, sur la terre que nous cherchions.

Le 10 mai, les vents ayant subitement tourné du sud-sud-est au sud-sud-ouest, la mer devint très-grosse, le baromètre descendit au-dessous de quatre-vingts millimètres, et une furieuse tempête dispersa les bâtiments de l'escadre. Mes craintes étaient d'autant plus grandes que les parages dans lesquels je naviguais sont inconnus, et que ma frégate dérivait sous le vent avec une vitesse de vingt-cinq nœuds à l'heure. Bientôt, l'eau pénétra jusque dans les soutes, défonça les claires-voies de la machine et menaça d'éteindre les feux.

A midi, étant par 34° 37′ 46″ de latitude nord et 42° 24′ 40″ de longitude est, le vent s'abattit tout à coup, et des courants rapides me portèrent vers l'est, où nous apercevions la terre. Deux de mes navires, la *Répertrix* et l'*Eruo*, purent alors me rallier, et nous avançâmes avec d'extrêmes précautions ; la sonde accusait six brasses seulement, et nous étions entourés d'une prodigieuse quantité de rats, qu'il fallut disperser à coups de fusil. Enfin, vers deux heures, nous jetions l'ancre sur un très-bon fond de sable fin, dans un port immense et sûr. Un large fleuve y versait lentement ses eaux, et sur la côte, aussi loin que la vue pouvait s'étendre, un rideau d'arbres touffus nous dérobait l'horizon. Je donnai l'ordre de réunir la flottille, et me proposai de séjourner pendant quelque temps dans cet endroit. Mon équipage avait besoin de repos, nous manquions depuis quinze jours de viande fraîche, et l'aviso *Eureka*, que je vous envoie, réclamait d'urgentes réparations.

Je l'avoue, nous ne pensions guère, à ce moment, être aussi près du but de nos recherches. Kortambert, en effet, dans les fragments géographiques si savamment restitués par M. Dartieu, dit d'une manière positive que Paris est situé à environ deux cents kilomètres de la mer (1). Mais, il faut bien le reconnaître, nos érudits et nos géologues sont loin, même dans leurs hypothèses les plus hardies, d'avoir exagéré l'incroyable violence du cataclysme qui a bouleversé tout le vieux monde, et auquel notre petite île a eu seule le privilége d'échapper.

Vers cinq heures, pendant que l'équipage était à table, notre vue fut attirée, du côté de la terre, par des flammes et des tourbillons de fumée, qui s'élevaient, à peu de distance de nous, derrière le massif d'arbres. Je fis aussitôt disposer un canot, et j'envoyai à la découverte douze hommes,

(1) Kortambert, *Fragments*, édition Dartieu, liv. I, ch. 7, § 5. — Conf. Meissas et Michelot, IV, 9, 11; Expilly, IX, 5, 3, et Malte-Vrun, VI, 4, 7.

commandés par le lieutenant Inveniès.

Ils revinrent le soir, à neuf heures dix-huit minutes, apportant des nouvelles qui firent bondir d'espérance tous nos cœurs.

A trois ou quatre kilomètres de la côte, nos hommes avaient trouvé une ville d'aspect misérable, et dont les habitants, au nombre de deux mille environ, paraissaient en proie à une grande agitation. Les flammes que nous avions aperçues de loin achevaient leur œuvre, et trois ou quatre demeures ne présentaient plus qu'un monceau de décombres. Il était facile de le voir, l'incendie avait précisément choisi les moins étroites et les moins pauvres ; et, comme elles ne se trouvaient pas réunies sur le même point, on eût pu croire qu'une volonté criminelle les avait désignées à ses ravages.

Les naturels accoururent au-devant de nos marins, puis s'empressèrent autour d'eux, parlant, criant tous à la fois, s'escrimant pour les voir de plus près, les contemplant avec une avidité enfantine. Cinq minutes après son arrivée, la petite troupe était environnée d'une foule compacte, dont les regards curieux, l'attitude franchement indiscrète n'avaient rien de menaçant. Quelques mots prononcés par le lieutenant Inveniès furent aussitôt compris, et on lui répondit dans une langue qui a, comme la nôtre, de frappantes analogies avec le français.

Les mœurs de cette peuplade, que nous avons été depuis à même de bien connaître, offrent d'étranges contrastes. Au sein de cette tribu sauvage, qui semble avoir émergé du sol dans ces régions inhabitées, chez ces barbares vêtus de peaux de bêtes, on remarque des vertus, des vices, des goûts, des travers, des aspirations qui sont en général le produit des civilisations raffinées.

Leur grande préoccupation est la recherche du plaisir. Tout leur est occasion de fête ; sous le moindre prétexte, ils se rassemblent au dehors ou se réunissent les uns chez les autres pour chanter, manger, boire, danser, parler. Tout événement les occupe et les amuse, tout spectacle les ravit. Bruyants, bavards, mobiles, impressionnables, ils s'enthousiasment sans réflexion, et se lassent aussi vite qu'ils se sont engoués. L'amour-propre est le plus saillant de leurs défauts. Tout ce qui brille, tout ce qui reluit les attire et les passionne; la vue des plumets, des galons les affole. Avec cela, bons, francs, hospitaliers, généreux, braves, intelligents, fins, pleins de bon sens même, tant qu'il ne s'agit pas du gouvernement de leur petite cité.

Par malheur, c'est là le sujet habituel de leurs entretiens, et le seul sur lequel ils n'entendent point raillerie; ils sont cependant parvenus à s'assurer, au moyen du renversement périodique de leurs chefs, des distractions qui leur sont chères et le prétexte de glorieux anniversaires. Sacrifiant tout à la forme, ils se préoccupent plus du titre que portera leur chef que de la manière dont il les commandera.

Il y a d'ailleurs bien d'autres difficultés à résoudre pour organiser le pouvoir chez une peuplade où tout le monde brûle de commander, et où personne ne consent à obéir. Les plus modestes rêvent une fonction publique, qui leur livre au moins quelques subalternes à gouverner; mais tous, même les plus misérables et les plus ignorants, se croient parfaitement aptes à régir la tribu, parlent à tort et à travers des affaires de la cité, émettent des idées, des théories, des principes aussi insensés que disparates, et ne les voyant pas adoptés, se sentent envahis par un impérieux désir de révolte. Les habiles guettent l'occasion, la saisissent à l'heure voulue, et en un tour de main le chef est renversé. Ce sont alors des cris de triomphe, des réjouissances publiques, des promenades sans fin par la ville; on se félicite, on se complimente, on s'embrasse.

Quand nos hommes arrivèrent, les naturels étaient au soir d'un de ces beaux jours, et les flammes aperçues par nous provenaient de quelques huttes qui avaient été incendiées dans la bagarre. De ce fait, le chef détrôné et ses deux principaux ministres se trouvaient sans asile.

Le lieutenant apprit encore que ces révolutions improvisées avaient lieu deux ou trois fois par année. Mais, lui dit-on, celle-ci serait certainement la dernière, et une ère indéfinie de calme et de concorde allait commencer pour la peuplade. Elle venait, en effet, d'adopter une forme de gouvernement qui limite à trente jours l'exercice du pouvoir, et statue que tous les mois la cité choisira un nouveau chef; chaque citoyen devant ainsi le devenir à son tour, vivra en paix, bercé par cette douce espérance.

Cet expédient ingénieux, qui semblerait devoir contenter tout le monde, n'est point, paraît-il, un spécifique aussi sûr qu'on serait porté à le croire, et il a déjà été expérimenté plus d'une fois sans succès. Tout va, il est vrai, à peu près bien pendant un mois; mais le chef en fonctions refusant régulièrement de se retirer à l'expiration de son mandat, il faut toujours une révolution pour l'arracher du trône.

Les femmes envient beaucoup aux hommes le privilége de gouverner et de faire des révolutions; faute de mieux, elles s'efforcent de dominer dans la hutte, et y fondent souvent un despotisme latent, mais incontesté. Impressionnables, passionnées et nerveuses, elles se montrent tour à tour bonnes, douces, caressantes, aigres, taquines ou cruelles, suivant l'état de l'atmosphère. Elles sont spirituelles et fines, mais légères, futiles, frivoles et d'une coquetterie effrénée. Gracieuses, frêles, délicates, mais affamées de plaisir, elles en supportent les fatigues avec une énergie inconcevable. Le plaisir a pour elles toutes un attrait instinctif que les plus raisonnables sont parfois impuissantes à combattre, et elles expriment les besoins irrésistibles qu'entraîne cet état par un mot qui n'existe pas dans notre langue, le verbe pronominal « se distraire »; quand une femme parle de « se distraire », les maris sages baissent la tête, et attendent que l'accès soit passé.

Cette peuplade est fort attachée au

sol qu'elle occupe depuis un temps immémorial, et très-fière de sa petite cité. On se disputa l'honneur d'y guider nos marins, qui durent la visiter en tous sens, et rencontrèrent partout l'accueil le plus cordial. On leur vanta aussi la beauté des environs, et par-dessus tout, l'imposant spectacle que présentaient les ruines d'une ville immense, située à une demi-lieue de là. Mais la journée était trop avancée pour permettre une excursion immédiate; le lieutenant ramena donc ses hommes à bord, où leurs récits nous remplirent de surprise et de joie.

Dès le lendemain, je fis annoncer ma visite au nouveau chef que les naturels avaient choisi.

Je descendis à terre vers trois heures, accompagné de mon état-major.

Des indigènes, envoyés au-devant de moi, nous frayèrent un passage à travers les masses pressées de la foule, et nous conduisirent jusqu'à la hutte occupée par le chef, où tout avait été disposé pour une réception solennelle. Des gardes, à mine hardie, en défendaient les abords, et l'éphémère souverain nous y attendait, entouré de ses ministres.

Il était couvert d'une ample peau de loup, toute constellée de coquillages, de verroteries aux couleurs variées, et de menus objets en cuivre poli : boucles, anneaux, clous, agrafes, colliers, boutons, grelots. A sa coiffure, composée d'aigrettes, de plumes et de panaches, brillait une écaille d'huître, dont la surface nacrée resplendissait au soleil. Je m'efforçai de paraître ébloui par tant de richesses, ce qui réjouit beaucoup le chef, sans le surprendre. Ses manières ne manquaient cependant, ni de dignité, ni de grâce, et il répondit, sans le moindre embarras, au compliment que je lui adressai.

Nous nous mîmes en route à pied, suivis ou plutôt escortés par la ville tout entière. Hommes, femmes, enfants, personne n'avait voulu manquer à la fête; et, dans de grossiers chariots, étaient assis les malades et les infirmes. Le chef remarqua ma surprise, la prit sans doute pour de la crainte, et chercha à me rassurer, m'avouant d'ailleurs qu'aucune puissance humaine n'était capable, en pareille circonstance, de retenir ses sujets au logis. Pour toute réponse, je quittai mon sabre, et j'ordonnai à mes officiers d'en faire autant. Notre pensée fut aussitôt comprise, et saluée d'acclamations enthousiastes par cette foule joyeuse, haletante de curiosité, qui admirait les ornements dorés de nos costumes, commentait nos moindres gestes, et nous serrait de près, se disputant un de nos regards.

Nous suivîmes pendant une demi-heure environ les rives verdoyantes du fleuve, dont la largeur paraît double au moins de ce qu'elle était du temps des Français, si toutefois l'on s'en rapporte aux estimations de Du Laure et de Joanne (1). Enfin nous gravîmes une petite colline, et arrivés au sommet, un même cri sortit de toutes nos poitrines; devant nous se dé-

(1) Du Laure, *Fragments*, I, 3, 26; Joanne, *Extraits*, VI, 9, 12. — Conf. Varberet et Magin, IX, 2, 16; Mentelle, III, 7, 21; Max du Camp, II, 27, 9.

roulait le plus imposant tableau qu'il puisse être jamais donné à l'homme de contempler. C'était bien Paris, nul de nous n'en douta, ces ruines grandioses étaient bien le tombeau de la reine du vieux monde. Sa tête orgueilleuse plane encore au-dessus de ces espaces désolés. Dans une vallée, dont nos yeux pouvaient à peine embrasser l'étendue, se dressaient pêle-mêle des dômes, des colonnes, des portiques, des flèches élancées, des combles immenses, des frontons, des statues, des chapiteaux, des entablements, des crêtes, des corniches; et à notre gauche nous voyions se profiler, fier et hardi sur le ciel noir, le couronnement de l'arc triomphal élevé par un des derniers Poléons de la France à la gloire de ses armées. Aucune secousse n'a donc ébranlé la grande cité, et elle doit se retrouver telle aujourd'hui qu'elle était il y a deux mille ans, à l'heure où s'est précipitée la gigantesque avalanche de terre, de cendres et de sable sous laquelle elle est ensevelie.

Nous restâmes longtemps pensifs, absorbés dans une contemplation muette. Le silence s'était fait autour de nous, comme si quelque habitués que nos hôtes fussent à cette vue, sa grandeur produisait toujours sur eux un indéfinissable effet de terreur et de vertige. Ils ignoraient, pourtant, que de richesses, que de merveilles, que de souvenirs gisaient sous ces monceaux de sable, sous cette plaine aride, où ne croît qu'une herbe chétive et jaunie. Ils disent qu'il n'y pleut jamais et que le ciel y reste toujours voilé; une crainte superstitieuse les empêche d'y mener paître leurs troupeaux, et le plus brave n'oserait s'y aventurer la nuit. Ils racontent que, certains soirs d'orage, la vie semble se réveiller dans ces abîmes. Des myriades de lueurs phosphorescentes rasent le sol, et des bruits confus retentissent dans les entrailles de la terre. Les marteaux retombent sur l'enclume, les machines sifflent, les métiers crient, les chevaux hennissent, les chariots roulent lourdement sur le pavé. Les éclats de rire se mêlent aux sanglots étouffés, les plaintes douloureuses aux ricanements moqueurs, les blasphèmes aux chastes prières. On entend les clameurs de l'orgie et les soupirs des vierges, les imprécations et les cantiques sacrés, les grincements de dents et les chants joyeux, les gémissements sourds, les cris désespérés et le murmure des voix amoureuses, le cliquetis des chaînes et le bruit des baisers, les monceaux d'or qui s'écroulent et les râlements de la faim. Puis tout à coup les appels stridents du clairon résonnent; et, dominant le tumulte, faisant baisser toutes les têtes, la voix grave de milliers d'orgues s'élève, et lance dans l'espace des symphonies funèbres qui semblent annoncer les funérailles de tout un monde. Alors peu à peu les feux s'éteignent, le silence renaît, et la mort reprend possession de son empire.

Il dépend de vous, Monsieur le Ministre, qu'une partie de ces rêves deviennent des réalités. Mais, vous le comprendrez, et l'esprit si élevé de l'Empereur ne peut manquer de s'associer à votre pensée, pour qu'un résultat rapide et complet soit obtenu, il faut que les moyens dont je disposerai répondent à l'importance du but que nous nous serons proposé.

J'ai l'honneur d'être avec respect,

de Votre Excellence,

Monsieur le Ministre,

le très-humble, très-dévoué et très-obéissant serviteur

Amiral baron QUÉSITOR.

A MONSIEUR

L'AMIRAL BARON QUÉSITOR

COMMANDANT

LES FORCES MARITIMES CALÉDONIENNES

DANS LES MERS FRANÇAISES

II

Nouméa,
le 30 *juin* 1875.

MINISTÈRE DE LA MARINE
ET
DES COLONIES

CABINET
DU
MINISTRE

Nº *8717*

N. B. Rappeler ce numéro en marge de la réponse.

Monsieur l'Amiral,

J'ai eu l'honneur de communiquer à l'Empereur la dépêche datée de Paris que vous m'avez adressée le 20 mai dernier.

Sa Majesté a bien voulu me charger de vous transmettre ses félicitations, et Elle a daigné signer hier le décret qui, sur ma proposition, vous élève au grade de grand-croix dans l'ordre impérial du Faucon vert.

Sa Majesté désire que le déblayement des ruines de Paris commence sans retard et soit poursuivi avec toute la rapidité possible. Dans cette intention, Elle place sous vos ordres deux régiments d'infanterie de ligne et trois régiments du génie militaire, formant un total de 5,122 hommes, qui seront embarqués dès les premiers jours du mois prochain.

L'intendance met, en outre, à votre disposition :

10,321 pioches.

9,814 pelles.

2,503 pinces.
1,001 pics.
6,062 balais de bouleau.
3,603 — de bruyère.
1,025 — de crins.
6,206 brouettes.
1,409 tombereaux.
807 guérites.
1,206 wagons de terrassement.
301,837 kilos de rails.
12,004 traverses.
203,128 coussinets.
711,902 boulons.
127 niveaux d'eau.
142 mires.
59 plaques tournantes.
24 grues à vapeur.
19 balayeuses mécaniques.
201 locomobiles.
99 locomotives.
3,001 chevaux.

603 mulets.
13 photographes.

Il a été décidé qu'une commission scientifique serait attachée à l'expédition. Elle est composée de trois membres de l'académie des Beaux-Arts, trois membres de l'académie des Inscriptions et Belles-Lettres, et trois membres de l'académie des Sciences. Vous traiterez, je n'en doute pas, ces vénérables savants avec tous les égards qui leur sont dus, et vous vous inspirerez de leur expérience et de leurs conseils.

Recevez, Monsieur l'Amiral, l'assurance de ma considération la plus distinguée.

Le Ministre de la marine et des colonies,

Comte A. STATARIE.

A SON EXCELLENCE

MONSIEUR LE MINISTRE

DE L'INSTRUCTION PUBLIQUE

DES CULTES

ET DES BEAUX-ARTS

A NOUMÉA (CALÉDONIE)

III

A Son Excellence Monsieur le Ministre de l'Instruction publique, des Cultes et des Beaux-Arts, à Nouméa (Calédonie).

Paris, le 30 novembre 4875.

Monsieur le Ministre,

LA commission scientifique chargée par Votre Excellence d'explorer les ruines de Paris a longtemps gardé le silence, laissant à

M. l'amiral Quésitor le soin de tenir le ministère au courant de tous les détails de l'expédition. Nous désirions ne vous adresser notre premier rapport, que quand les résultats obtenus seraient de nature non-seulement à satisfaire la curiosité du public, mais encore à fixer l'attention des archéologues.

Le moment est venu aujourd'hui, et c'est à moi qu'est échu l'honneur de représenter la commission auprès de Votre Excellence.

Aucun incident n'a troublé notre traversée, qui a été trop rapide pour nous permettre en route de bien importantes observations. Le 21 août, nous entrions dans le port, et, moins de trois semaines après, une double ligne de rails reliait les ruines à la mer, tout le matériel était débarqué, un camp immense s'étendait autour de Paris et le déblayement commençait.

L'agglomération géologique qui recouvre Paris est loin de présenter une surface uniforme; des sondages opérés de distance en distance nous ont permis de constater que si, sur certains points, elle s'élève de trente-six mètres au-dessus du sol primitif, elle s'abaisse aussi parfois jusqu'à treize et quatorze mètres. Elle est formée de couches successives, mais qui se sont certainement superposées les unes aux autres avec une rapidité prodigieuse. L'origine et la nature de ce bouleversement resteront, selon toute apparence, des problèmes toujours insolubles; cependant la forme qu'ont revêtue les débris des corps organisés et la direction qu'affectent les dépôts minéralogiques révèlent à l'œil le moins exercé une grande irruption venue du sud-est.

La masse entière peut se diviser en deux parties bien distinctes.

La couche supérieure, qui ne dépasse nulle part cinq mètres, est composée de terre, de cendres et de sable, formant trois lits d'épaisseur inégale.

La seconde couche recèle les éléments les plus variés.

En descendant du sommet à la base, on rencontre d'abord deux bancs épais, l'un de quartz et l'autre de marne; ils reposent sur un mince gisement de calcaire, auquel succèdent deux puissantes assises de schiste huîtreux et d'argile homardifère. Ce dernier système est caractérisé par la présence d'une quantité innombrable de coquilles d'huîtres et de poissons fossiles, tous connus, d'ailleurs, de nos ichthyologistes. Nous y avons retrouvé, entre autres débris, ceux de l'*Anguilla tartarea*, de l'*Astacus burdigalensis* et du *Goujo friturius*.

La flore est assez riche, et elle nous a offert, surtout dans les couches inférieures, quelques sujets intéressants d'observations. Les espèces les plus abondantes sont le laurier *(Laurus militaris)* et le camélia *(Camellia feminea)*, très-souvent accompagnés de pétrifications, parmi lesquelles on distingue les feuilles du tabac *(Nicotiana cigaretica)* et de l'absinthe *(Ductaria charantoniana)*.

La faune ne nous a fourni l'occasion d'aucune découverte importante. Cependant les ossements du *Canis caniclus* et ceux du *Felis goultierius* sont nombreux, et nous avons recueilli une tête complète du *Lepus civeticus;* mais ces animaux sont décrits déjà dans nos traités de paléontologie.

Je me borne à énumérer ici les faits les plus saillants qui ressortent de nos observations; ce rapide résumé sera très-prochainement complété par un mémoire détaillé que mon collègue, M. E. de Beaupré, se propose d'adresser à l'académie des Sciences. Les conclusions en sont formelles; elles infirment quelques-unes des données historiques admises jusqu'à présent, et donnent une solution définitive à la querelle chronologique qui divise depuis si longtemps les archéologues. M. de Beaupré démontre, en effet, avec évidence, que la grande révolution géologique par laquelle la France a été anéantie s'est produite vers le milieu du dix-septième siècle, et au plus tôt vers l'an 1700 de l'ère chrétienne. On doit donc, sans hésiter, regarder comme falsifiés ou interpolés, dans les fragments conservés d'auteurs français, tous les passages qui semblent accorder à Paris une plus longue existence.

Les ordres de l'Empereur nous prescrivaient de déblayer, avant tout, l'arc triomphal élevé sur la rive droite de la Seine. Trois jours suffirent à ce travail, et le glorieux monument sortit intact du linceul qui l'enveloppait depuis trente siècles. Il nous fut alors donné d'admirer à loisir ce chef-d'œuvre de l'architecture antique, auquel, sans nul doute s'adressent ces beaux vers de l'*Anthologie française :*

Lève-toi jusqu'aux cieux, porte de la (1)
[victoire!
Que le géant de notre gloire
Puisse passer sans se courber (2)!

Toutes les faces du monument sont revêtues de sculptures d'une conservation parfaite. Sous la voûte, haute de vingt mètres, une multitude de noms gravés dans la pierre étaient destinés à conserver le souvenir des principales victoires remportées par les Français; et sur trente boucliers placés autour de l'attique on lit les

(1) Ces trois mots étaient enlevés dans l'original et ils ont été ainsi restitués par M. Walken. On se rappelle la longue discussion qu'il a soutenue contre M. Laignes, qui préférait: « portique de victoire. » On peut consulter sur ce point: *Lettre de M. Walken à M. Laignes, au sujet d'une épigramme attribuée à Victorugo et insérée dans le troisième volume de l'Anthologie française*, Nouméa, 3860, in-8°.

(2) *Anthologie française*, t. III, ch. IX, p. 281.

noms de leurs généraux les plus illustres. Nous avons établi sans peine cette distinction si importante. Un fragment de Duruy renferme une liste, malheureusement incomplète, des principaux chefs français (1), et dans le nombre figurent les ducs de Valmy, de Montebello et de Castiglione, dont nous avons retrouvé les trois noms inscrits sur les boucliers. Mais l'action du temps a rendu la plupart de ces inscriptions illisibles, et nous sommes loin d'avoir réussi à les déchiffrer toutes. Nous ne pouvons donc citer, parmi les batailles, que celles de :

KELLERMANN.
LANNES.

(1) *Recueil général des historiens français*, t. VIII, p. 117.

AUGEREAU.
NEY.
MASSÉNA.
LAFAYETTE.
KLÉBER.
DUMOURIEZ.
MURAT.

Et nous avons recueilli seulement les noms des généraux :

VALMY.
MONTEBELLO.
CASTIGLIONE.
ELCHINGEN.
AUSTERLITZ (1).
MARENGO.
WAGRAM.
ABOUKIR.

(1) Joanne (*Extraits*, V, IV, 109) nous apprend que le nom de ce général fut donné à un des ponts de Paris.

Cet arc triomphal et l'immense avenue qui le précède composent l'entrée la plus grandiose que l'imagination ait jamais pu rêver pour une capitale ; la réalité l'emporte ici sur les récits fantastiques où sont célébrées les merveilles de Babylone et de Ninive.

Large de cent vingt mètres, ornée de parterres fleuris, de bassins et de fontaines, ombragée d'arbres séculaires dont nous avons retrouvé les racines transformées en lignite, l'avenue s'étend à perte de vue, bordée dans toute sa longueur de constructions où le marbre et l'or ont été prodigués.

Mais, ici, une difficulté se présentait. Comment expliquer qu'un nombre si considérable de demeures princières aient été réunies sur un même point ? Nous sommes arrivés à résoudre victorieusement cette question.

Garnier de Cassignac raconte, en effet, qu'un des derniers souverains de la France ayant dû reconquérir les armes à la main le trône de ses ancêtres, récompensa le zèle des chefs qui l'avaient aidé dans cette lutte par le don d'habitations somptueuses (1). N'est-il pas naturel de penser qu'elles furent élevées aux environs du monument consacré à la gloire des guerriers français, et qu'elles en devinrent en quelque sorte l'annexe ? Nous hésitions cependant à admettre cette hypothèse, malgré les caractères de vraisemblance qu'elle présente, quand

(1) *Fragments de l'histoire dite du 2 décembre*, dans le *Recueil général des historiens français*, t. IX, p. 314.

une intéressante trouvaille épigraphique vint lever tous nos doutes.

En fouillant le sol, vers l'extrémité de l'avenue, un sapeur du génie découvrit une plaque indicative semblable à celles qui figurent à l'angle de nos rues. Elle portait ces mots :

AVENUE
DES
CH[illegible] ES.

La lumière était là, et elle ne tarda pas à luire à nos yeux. Une courte conférence nous suffit pour restituer les lettres effacées par le temps, et compléter l'inscription, qui doit évidemment être lue ainsi :

AVENUE
DES
CHEFS-ILLUSTRES.

L'avenue des Chefs-Illustres aboutit à une vaste place, autrefois décorée avec magnificence. Mais un seul de ses ornements subsiste intact : c'est une immense aiguille formée d'une seule pierre, haute de vingt-cinq mètres, et entièrement couverte de caractères que nous n'avons pu déchiffrer. Nous pensons qu'on doit y reconnaître soit un *ex-voto*, soit un monument religieux élevé à la mémoire des anciens *nautes* qui inaugurèrent le commerce par eau, resté toujours si actif sur la Seine. La situation de cette place au bord du fleuve, un fragment d'inscription ainsi conçu :

ERE DE LA MARINE

et les débris de nombreuses colonnes

rostrales, tout concourt, en effet, à démontrer que les intérêts et les services de la navigation fluviale se centralisaient en cet endroit.

Une précieuse découverte résulte de ces constatations et de l'impossibilité où nous sommes de comprendre un seul mot à l'écriture symbolique dont le monolithe est revêtu. Nous y voyons la preuve que chez les Français, comme chez beaucoup d'autres peuples de l'antiquité, les prêtres avaient une langue spéciale, connue des initiés seuls et inintelligible pour le vulgaire. J'ajoute, fait dont la haute portée n'échappera pas à Votre Excellence, que M. Nairan a cru reconnaître dans ces mystérieux caractères une vague ressemblance avec l'écriture hiératique des Egyptiens primitifs.

J'ai l'honneur d'être avec respect,

de Votre Excellence,

Monsieur le Ministre,

le très-humble, très-dévoué et très-obéissant serviteur,

L. Le Rouge,

Membre de l'Institut,
Académie des Inscriptions et Belles-Lettres.

A SON EXCELLENCE

MONSIEUR LE MINISTRE

DE L'INSTRUCTION PUBLIQUE

DES CULTES

ET DES BEAUX-ARTS

A NOUMÉA (CALÉDONIE)

IV

A Son Excellence Monsieur le Ministre de l'Instruction publique, des Cultes et des Beaux-Arts, à Nouméa (Calédonie).

Paris, le 28 décembre 4875.

Monsieur le Ministre,

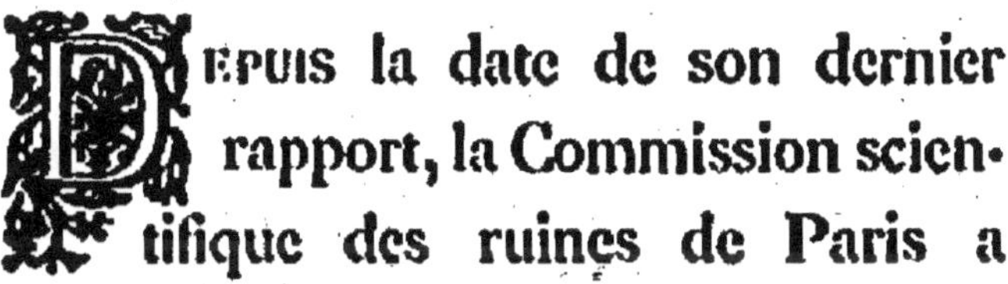

Depuis la date de son dernier rapport, la Commission scientifique des ruines de Paris a poursuivi activement son œuvre. Mais les gelées et les neiges sont venues nous créer un obstacle assez sérieux, et dix journées ont été employées à installer, tant bien que mal, dans les édifices déblayés, nos travailleurs, jusqu'ici logés sous la tente.

Cependant, malgré la lenteur relative avec laquelle nous avançons maintenant, le chemin parcouru pendant le mois de décembre nous a livré des secrets précieux et aussi d'embarrassants problèmes.

En quittant la place de la Navigation, on rencontre à gauche une voie importante, qui est bordée d'un côté par des maisons précédées d'arcades couvertes, et de l'autre par un jardin très-étendu dont nous n'avons pas encore atteint l'extrémité.

Nous savons par Max du Camp(1) que les jardins étaient fort rares dans l'enceinte de Paris; notre première pensée fut donc que cet immense espace avait dû servir de cimetière, et les fouilles partielles, exécutées un peu au hasard sur divers points, ont confirmé cette supposition.

Plusieurs tombes existent encore. Dans celles que nous avons ouvertes, toutes traces de corps organisés avaient disparu sous l'action des siècles; mais le groupe et la statue qui surmontaient deux d'entre elles étaient encore en parfait état de conservation.

Le groupe est composé de trois personnes : un homme vigoureux et deux jeunes gens, ses fils sans doute;

(1) *Fragments*, I, 19, 37.

tous trois luttent en désespérés contre des serpents qui les tiennent enlacés. Nous ne possédons aucun renseignement sur le terrible accident qui coûta la vie à cette famille, et la situation géographique de Paris ne permet guère d'admettre que des serpents de cette taille aient jamais pu y vivre en liberté; ceux-ci s'étaient donc échappés sans doute de quelque ménagerie, et n'ont été repris qu'après avoir immolé ces trois innocentes victimes.

La statue, sculptée également dans le marbre, représente un rémouleur occupé à aiguiser un couperet sur une pierre. La tête est belle et expressive; mais nous ne saurions dire par suite de quelle circonstance exceptionnelle on éleva un tombeau de marbre blanc à un homme d'une condition si humble, et qui semble avoir à peine possédé de quoi s'acheter des vêtements. Peut-être faut-il y voir le héros populaire de quelqu'une de ces insurrections politiques si chères aux Parisiens.

De l'autre côté de la rue, le déblayement des arcades ne nous a fourni qu'une seule découverte digne de figurer dans ce rapport.

Au milieu d'une petite place quadrangulaire, gisait renversée une statue équestre en bronze. Le cheval, aux formes massives, supporte une jeune fille maigre, frêle, délicate, revêtue d'une armure de fer, et coiffée d'une couronne de laurier. Elle se tient debout sur les étriers, et sa main droite agite un drapeau. Au devant du piédestal de granit, une inscription très-courte est devenue illisible.

Ce singulier monument constitue une énigme, dont nous avons renoncé à pénétrer le sens.

Afin d'étudier la femme de plus près, nous l'avons fait séparer du cheval, et dans la cavité ainsi ouverte, on a trouvé ces mots tracés à la craie : *République française. Pucelle d'Orléans;* phrase inexplicable, qui complique le problème au lieu de l'éclaircir.

Nous eûmes à ce sujet de nombreuses conférences. Bien des hypothèses, parfois fort ingénieuses, furent proposées, discutées, écartées, puis reprises, approfondies de nouveau, modifiées et enfin rejetées. Désespérant d'arriver à une solution satisfaisante, nous avons pris le parti de faire emballer la statue, et de l'expédier à Nouméa, en souhaitant qu'elle soit soumise à l'examen de nos collègues de l'Institut.

J'ai l'honneur d'être avec respect,

de Votre Excellence,

Monsieur le Ministre,

le très-humble, très-dévoué et très-obéissant serviteur,

J. Lepère,

Membre de l'Institut,
Académie des Beaux-Arts.

INSTITUT IMPÉRIAL
DE CALÉDONIE
(SECTION DES BEAUX-ARTS)

COMPTE RENDU
DE LA SÉANCE DU 17 MARS 4876

V

INSTITUT IMPÉRIAL DE CALÉDONIE

SECTION DES BEAUX-ARTS

COMPTE RENDU ANALYTIQUE DE LA SÉANCE
DU 17 MARS 4876.

Présidence de M. Duparc.

M. LE PRÉSIDENT. La parole est à M. le rapporteur de la commission chargée d'examiner la statue équestre trouvée dans les ruines de Paris.

M. Legendre, *rapporteur*. Avant de vous faire connaître les conclusions auxquelles s'est arrêtée la commission, je crois devoir vous exposer sommairement les trois hypothèses qui restaient en présence au moment où elle a prononcé la clôture de ses débats.

Suivant quelques-uns de nos collègues, la statue que vous avez sous les yeux représente une de ces femmes guerrières, connues dans l'antiquité sous le nom d'Amazones.

Mais, répondaient les adversaires de cette opinion, la statue est bardée de fer, tandis que le costume des Amazones consistait presque uniquement en une courte cuirasse. Sous un autre rapport encore la statue est trop complète, car tout le monde sait que les

Amazones se faisaient couper la mamelle droite, qui les eût gênées dans le maniement de l'arc. Enfin, aucun des mots écrits à l'intérieur du monument ne saurait leur convenir.

Cette inscription, ajoutaient-ils, doit être notre principal guide, et elle renferme en effet tout ce que nous cherchons. Si l'on rapproche les uns des autres trois passages compris dans les fragments de Thiers, de Michelet et de L. Blanc (1), on ne peut douter que les Français aient été gouvernés pendant quelques années par une femme nommée République. N'est-il pas tout naturel qu'une statue lui ait été élevée, et qu'elle y soit représentée à cheval, revêtue d'une armure et couronnée de lauriers?

(1) *Recueil général des historiens français*, IV, 9, 11; V, 7, 8; VII, 12, 3.

Cette seconde opinion ralliait plus de partisans que la première, sans pourtant satisfaire encore la majorité.

En admettant même, objectait-on, la réalité du fait historique, le début de l'inscription indique peut-être seulement que la statue a été érigée sous le règne de cette République, et c'est alors la seconde ligne qui doit nous fournir l'explication du problème.

Minerve, déesse de la guerre, est le plus souvent représentée armée de toutes pièces, le bouclier d'une main et la pique de l'autre. Sans doute, le casque manque : mais n'oublions pas que Minerve disputa la pomme d'or à Junon et à Vénus sur le mont Ida; les Français, dont la galanterie était passée en proverbe, n'ont pas voulu cacher ce charmant visage sous un casque; ils ont laissé à découvert la seule beauté qu'ait jamais montrée aux mortels la chaste déesse qui punit les regards indiscrets de Tirésias en le privant de la vue, et qui conserva toujours sa virginité.

Cette troisième hypothèse, basée sur la traduction littérale des deux lignes tracées sans doute par l'artiste lui-même, s'inspire en outre des données scientifiques, historiques et artistiques les plus incontestées; c'est celle qui a prévalu au sein de la commission.

Elle pense donc que la statue envoyée de Paris représente une Minerve, et qu'elle a été fondue dans la ville d'Orléans, sous le gouvernement de la reine République.

En conséquence, elle exprime le vœu qu'une demande soit adressée à Son Excellence M. le Ministre de l'Instruction publique, sollicitant le don de cette Minerve antique, pour remplacer le buste moderne qui orne la salle de nos séances.

Ces conclusions sont adoptées à l'unanimité.

A SON EXCELLENCE

MONSIEUR LE MINISTRE

DE L'INSTRUCTION PUBLIQUE

DES CULTES

ET DES BEAUX-ARTS

A NOUMÉA (CALÉDONIE)

VI

A Son Excellence Monsieur le Ministre de l'Instruction publique, des Cultes et des Beaux-Arts, à Nouméa (Calédonie).

Paris, le 2 mars 4876.

Monsieur le Ministre,

Nous avions assez tristement commencé l'année, attendant l'arrivée du *Scrutatrix* qui n'est entré en rade que le 8 janvier; mais dès le lendemain notre vénérable doyen nous faisait connaître en séance solennelle les distinctions accordées à chacun de nous. C'est donc par l'expression de nos bien sincères remercîments que débutera cette fois notre rapport, et nous prions Votre Excellence de vouloir bien transmettre à l'Empereur l'hommage de notre respectueuse gratitude.

Les décorations accordées à l'armée lui ont été distribuées par M. l'amiral Quésitor, après une grande revue, pendant laquelle le nom de Sa Majesté a été plusieurs fois acclamé avec enthousiasme. La tribu établie sur les bords de la Seine était accourue pour jouir de ce spectacle, et ces derniers représentants du vieux monde mêlaient bruyamment leurs cris à ceux de nos soldats.

On ne saurait vraiment trop admirer l'intelligence de ces hommes encore à demi sauvages. Sans cesse en contact avec nous, ils s'efforcent de surprendre les secrets de notre civilisation, et se les approprient un à un avec une rapidité prodigieuse. Plusieurs de nos procédés ont été déjà perfectionnés par eux, et notre pays leur est redevable de nombreuses inventions, que nous nous sommes empressés d'adopter.

Nos institutions politiques leur sont aujourd'hui connues dans leurs moindres détails, et ils les critiquent tout haut. Chose étrange, dès qu'ils abordent ce sujet, la passion les emporte et la raison semble les abandonner. Ces barbares, absolument étrangers, il y a quelques mois, à notre organisation sociale, sur ce point encore nous proposeraient volontiers des perfectionnements; ils ont déjà à nous offrir deux ou trois systèmes complets, plus insensés les uns que les autres, et qui renversent toutes les idées reçues en matière d'impôts, d'instruction publique, de religion, de franchises municipales, etc., etc. Ils seraient enfin charmés de nous voir adopter le principe fondamental de leur gouvernement, qui consiste à changer de chef le plus souvent possible.

En dépit de ces aberrations et du peu de succès qu'elles obtiennent auprès de nos soldats, la petite tribu nous témoigne toujours une sympathie très-réelle, et semble suivre avec un vif intérêt le cours de nos travaux.

Ceux-ci se continuent activement, et nous avons retrouvé l'imposante nécropole où, depuis l'origine de la monarchie, étaient déposés les restes mortels des souverains français. C'est un immense palais, situé à l'extrémité du cimetière que décrit notre dernier rapport. Les étages supérieurs se sont écroulés; mais le rez-de-chaussée a presque partout supporté ce poids sans faiblir, et ses vastes salles nous ont conservé d'incomparables trésors historiques.

Deux d'entre elles renferment des cercueils de pierre, larges, massifs, et chargés d'inscriptions en caractères hiératiques. Nous y constatons que la langue sacerdotale des Français a varié avec les siècles, car plusieurs inscriptions s'écartent du type employé sur le monolithe de la place de la Navigation; l'écriture en est lourde, régulière, littérale plutôt que symbolique, mais tout aussi indéchiffrable.

Les salles contiguës sont remplies de statues et de bustes représentant les rois et les reines de France, dont les corps reposent sans doute dans les souterrains de l'édifice. Ailleurs, des groupes rappellent les principaux événements de leur règne.

Quelques-uns de ces souverains portent le costume des empereurs romains; mais il n'en faudrait pas conclure que les Français l'aient parfois adopté. Quatre ou cinq rois seulement, nous dit H. Martin (1), eurent l'innocente manie de se faire représenter ainsi. D'autres sont presque nus : ceux-là préféraient imiter certains dieux des religions primitives. Les reines elles-mêmes n'échappaient point à ce travers. Nous savions déjà

(1) *Recueil général des historiens français.* XII, 17, 22.

par Jehan de Sismondi (1) que l'une d'elles, nommée Diane, avait plus d'une fois posé pour des statues de cette déesse, et nous retrouvons ici les marbres auxquels le véridique historien fait allusion.

Les Vénus sont également nombreuses, et il s'en trouve une qui l'emporte sur toutes par la hardiesse et le fini de l'exécution. Elle est nue jusqu'à la ceinture, et son genou gauche, un peu relevé, semble retenir seul les mille plis de son vêtement prêt à tomber. Le torse est souple et vivant. La poitrine rappelle ces jolis vers de l'*Anthologie* :

Voyez-vous ces veines d'azur,
Légères, fines et polies,
Courant sur des seins arrondis
Dans la blancheur d'un marbre pur (2)?

(1) *Fragments de l'histoire de Henri II.*

(2) A. de Musset, dans l'*Anthologie française*,

La tête, noble et fière, exprime la puissance consciente d'elle-même et sûre de toujours vaincre. Les deux bras manquent, malheureusement, et nous les avons cherchés en vain. M. Chevalier pense que l'on doit attribuer ce chef-d'œuvre au célèbre sculpteur Karpeau, qui florissait vers la fin du seizième siècle.

Pendant que nos photographes prenaient possession de la nécropole, nous poursuivions le cours de nos recherches, et nous nous trouvions en présence de deux églises construites sur le même plan et reliées entre elles par une tour octogone. Nous avons déblayé seulement les façades, qui

II, 4, 9. — Ces vers montrent bien dans quelle grossière erreur sont tombés les scoliastes qui prétendent que les poëtes français faisaient toujours alterner les rimes masculines et les rimes féminines.

sont fort élégantes, et nous avons appris ainsi que l'un de ces temples était consacré à sainte Marie du Louvre. Une inscription, gravée dans la pierre et sans doute incomplète, portait, en effet, ces mots :

MAIRIE DU LOUVRE

et tous les philologues savent qu'en vieux français l'A étymologique qui portait l'accent se renforçait et devenait la diphtongue AI ; on écrivait donc *Bretaigne* pour *Bretagne*, *Champaigne* pour *Champagne*, *Mairie* pour *Marie*, etc., etc. Votre Excellence ne l'ignore pas, la philologie est devenue, de nos jours, une science exacte au même titre que l'algèbre.

Mais toutes les vérités s'enchainent,

et le texte de cette inscription venant confirmer les données fournies par l'examen architectural, il nous est démontré avec une rigueur mathématique que le monument en question a été élevé avant le seizième siècle de l'ère chrétienne.

En creusant le sol au devant de cette église, un sapeur du génie mit à découvert deux fioles en verre blanc, plus hautes que larges, coupées à angles droits, et dont nous ignorons la destination. Près de là se trouvait une petite médaille de plomb, qui nous parut mériter une étude approfondie.

Large de douze millimètres environ, elle a la forme d'un hexagone régulier, et est traversée, dans le sens de l'épaisseur, par un fil assez fort. Sur l'une des faces figurent trois majuscules entrelacées, que nous croyons être un J, un V et un B; l'autre face présente cette inscription mutilée :

les deux lettres qui composent la deuxième ligne sont illisibles, et il n'y a place que pour une seule lettre à la fin de la troisième ligne.

Je tiens à le déclarer ici. Dans les conférences employées à chercher le sens de cette énigme numismatique, M. Pinson émit le premier l'idée que nous avions peut-être entre les mains un spécimen de la médaille militaire instituée par un des derniers Poléons de la France(1). Je rappelai à mon tour que l'on employait alors fréquemment le latin dans les inscriptions. Ce fut un trait de lumière, et M. de Lonpont s'écria aussitôt : Il faut lire

VINCIT
IN
BELLO

Le doute n'était point permis.

Cette médaille avait donc brillé sur la poitrine d'un soldat, d'un guerrier français à qui la patrie rendait ce témoignage solennel : VINCIT IN BELLO, *Il est brave à la guerre!*

L'émotion me gagne en écrivant ces lignes, et c'est par elles que je veux terminer. Notre prochain rap-

(1) Voy. *Les Pharaons, les Sésostris et les Poléons, rapprochements historiques*, p. 209.

port vous dira la voie nouvelle que nous avons adoptée depuis quelques jours, et toutes les espérances que nous nous en promettons pour l'avenir.

J'ai l'honneur d'être avec respect,

de Votre Excellence,

Monsieur le Ministre,

le très-humble, très-dévoué et très-obéissant serviteur,

L. Valfleury,

Membre de l'Institut,
Académie des Inscriptions et Belles-Lettres.

A SON EXCELLENCE

MONSIEUR

LE MINISTRE DE LA MARINE

ET DES COLONIES

A NOUMÉA (CALÉDONIE)

VII

A Son Excellence Monsieur le Ministre de la marine et des colonies, à Nouméa (Calédonie).

Paris, le 6 avril 1876.

Monsieur le Ministre,

C'EST le désespoir dans le cœur que je prends la plume pour rédiger ce rapport, le dernier sans doute que Votre Excellence recevra de Paris. Je ne veux cependant tenter ici aucune justification de ma conduite, je ne veux me livrer à aucune récrimination contre les hommes que vous m'aviez donnés pour auxiliaires et qui ont si lâchement trahi le drapeau calédonien; je dois à Votre Excellence un récit sincère et impartial des faits, le voici.

Depuis le commencement du mois d'avril, j'avais remarqué parmi nos soldats quelques tendances à la mutinerie; la répression fut prompte, énergique, et pourtant inefficace. Bientôt des murmures, des menaces même montèrent jusqu'à moi. J'interrogeai des officiers, et leurs réponses embarrassées, évasives, ne m'apprirent rien. Résolu à en finir, j'annonçai que je passerais les troupes en revue le lendemain.

Je couchai à bord, et vers midi

j'arrivais dans l'avenue des Chefs-Illustres, où tous les corps étaient rangés en bataille.

Un spectacle navrant s'offrit à mes yeux. La plupart des hommes avaient refusé de revêtir leur grand uniforme et portaient la tenue de travail. Mêlés aux indigènes, ils riaient, chantaient, fumaient leur pipe, se passaient de main en main des bouteilles, qu'une fois vidées, ils lançaient au loin. A mon arrivée, les officiers prirent leur rang, mais ils restèrent muets et impassibles. Dès les premiers pas que je fis dans l'avenue, je fus accueilli par des hourras, des exclamations, des cris confus dont je ne pouvais deviner le sens. Il semblait que ces malheureux eussent été subitement frappés de vertige. Je voulus parler, les cris redoublèrent, et je parvins à distinguer ces phrases : Vive la République! Liberté de la presse! Droit de réunion! A bas le capital! Suffrage universel! Organisation du travail! Plus d'exploitation de l'homme par l'homme!

Je compris tout.

Je compris la faute que j'avais commise en laissant mes troupes fréquenter les indigènes. Mais les rêveries politiques de ces barbares étaient si naïvement insensées que la contagion de pareilles folies semblait impossible. Hélas, j'en suis convaincu aujourd'hui, ils ne se trompent point les érudits qui affirment que Nouméa doit son origine à une colonie française; la voix du sang s'est fait entendre; il n'a fallu qu'une étincelle pour réveiller des instincts assoupis depuis près de trente siècles!

Je ne savais à quel parti m'arrêter, quand un homme sortit des rangs et vint droit à moi.

A ses insignes, à la coquille nacrée qui resplendissait sur sa coiffure, je reconnus le chef actuel des indigènes.

— Monsieur l'amiral, me dit-il gaiement, vous voyez que toute résistance est inutile ; nous sommes huit mille hommes bien armés, et aucun étranger ne mettra plus le pied sur ce territoire, qui nous appartient ; inclinez-vous devant le fait accompli et soyez des nôtres. Le règne de la tyrannie est terminé, vous lisez sur notre drapeau ces trois mots : Liberté, égalité, fraternité ; ils feront avec nous le tour du monde. Pour cela, ajouta-t-il en souriant, ce n'est pas trop d'un amiral ; acceptez donc mes offres, vous conserverez votre titre, vos fonctions et votre brillant uniforme.

Indigné de cette proposition, je me retournai vers les vénérables savants que Votre Excellence m'avait donnés pour conseils, et je les interrogeai du regard.

Tous baissèrent la tête.

Le chef s'approcha d'eux.

— Monsieur Seyssel, dit-il à l'un d'eux en lui tendant la main, la place que vous avez sollicitée du nouveau gouvernement vous est accordée. Par décret signé il y a dix minutes, vous êtes nommé conservateur du monolithe de la place de la Navigation . .

. . . .

7 avril.

Ma dépêche d'hier a été interrompue

par la visite de notre nouveau chef. Il venait me développer les idées politiques qui serviront d'assises à son gouvernement, et m'exposer les réformes sociales qu'il médite. Quelques-unes m'ont paru, en réalité, fort sensées, fort urgentes même; car, à bien des égards, les bases sur lesquelles repose la société moderne sont barbares, injustes et heureusement vermoulues. Je n'ai donc pas cru devoir lui refuser mon concours et l'appui de ma longue expérience.

D'ailleurs, à moins de regagner Nouméa à la nage, force m'est bien de demeurer ici, puisque tous mes marins m'ont abandonné et que l'on a confisqué ma flotte. Je vais en conséquence, enfermer cette dépêche dans une bouteille bien cachetée, je la ferai ensuite jeter à la mer, et le hasard vous la remettra, citoyen ministre, quand et comme il voudra.

Salut et fraternité.

Amiral QUÉSITOR.

Vanitas vanitatum, vanitas vanitatum et omnia vanitas. Non est priorum memoria; sed nec eorum quidem quæ postea futura sunt erit recordatio apud eos qui futuri sunt in novissimo. Vidi cuncta quæ fiunt sub sole, et ecce universa vanitas.

(ECCLESIASTES.)

ACHEVÉ D'IMPRIMER

Sur les presses de CH. MEYRUEIS

TYPOGRAPHE A PARIS

Le 22 Mars 1875

Pour LÉON WILLEM, Libraire

A PARIS

COLLECTION

DE

DOCUMENTS RARES OU INÉDITS

RELATIFS A

L'HISTOIRE DE PARIS

PUBLIÉE PAR

MM. F. Baudry, Bonnardot, Bonnassies, H. Bordier, Ch. Brunet, le Dr Chereau, P. Chéron, H. Cocheris, J. Cousin, Ch. Desmaze, l'abbé Valentin Dufour, B. Fillon, A. Franklin, D. Lacroix, P. Lacroix, L. Lalanne, le Dr Lannelongue, Ch. Lucas, A. de Montaiglon, Ch. Read, L. Tanon, L. Tisserand.

Cette charmante collection se recommande aux bibliophiles tant par sa belle exécution typographique que par l'intérêt de ses publications; elle formera environ 25 volumes petit in-8, tirés à 350 exemplaires tous numérotés.

Suit le catalogue des volumes publiés.

LES
RUES ET LES CRIS
DE PARIS
AU XIIIe SIÈCLE

PIÈCES HISTORIQUES PUBLIÉES D'APRÈS
LES MANUSCRITS DE LA BIBLIOTHÈQUE NATIONALE

et précédées d'une

ÉTUDE SUR LES RUES DE PARIS
AU XIIIe SIÈCLE

PAR ALFRED FRANKLIN
BIBLIOTHÉCAIRE
A LA BIBLIOTHÈQUE MAZARINE

Un volume

Papier vergé . . . . 5 fr.
Papier de Chine . . . . 10 fr.

Etude sur les Rues de Paris au XIIIe siècle. — Nomenclature des rues, places, carrefours, portes, paroisses, croix, palais, etc., d'après la Taille de 1292. — Les Crieries de Paris, par Guillaume de la Villeneuve. — Li Diz de l'Erberie, par Rutebeuf. — Le Dit du Lendit rimé. — Les Monstiers de Paris. — Les Ordres de Paris, par Rutebeuf. — La Chanson des Ordres, par Rutebeuf.

Collection de Documents sur l'histoire de Paris.

LES ORDONNANCES

FAICTES ET PUBLIÉES A SON DE TROMPE
PAR LES CARREFOURS DE CESTE

VILLE DE PARIS

POUR ÉVITER LE DANGIER DE

PESTE, 1531

Précédées d'une

ÉTUDE SUR LES ÉPIDÉMIES PARISIENNES

PAR LE

Dr ACHILLE CHEREAU

Un volume illustré de curieuses gravures.
Papier vergé . . . . 5 fr.
Papier de Chine . . 10 fr.

Grande Peste de 1348. — Peste noire. — Pestis atra. — Peste de Florence. — Grande pestilence. — Mortalitat. — Mortaudat. — Empedimia de bosses. — Peste inguinaire. — Impidemie. — Pestilence des boces. — Mortalegra grande. — Anguinalgia. — Pestis atrocissima. — Peste épouvantable. — La Mort noire, etc.

Epidémies aux XVe, XVIe et XVIIe siècles, etc.

Collection de Documents sur l'histoire de Paris.

LA

DANCE MACABRE

DES

SS. INNOCENTS DE PARIS

D'APRÈS L'ÉDITION DE 1484

Précédée d'une

ÉTUDE SUR LE CIMETIÈRE, LE CHARNIER
ET LA FRESQUE PEINTE EN 1425

PAR

L'ABBÉ VALENTIN DUFOUR
Parisien.

Un volume accompagné du *fac-simile* du texte et des gravures de l'édition originale de la *Dance macabre*.

Papier vergé . . . . 7 fr.
Papier de Chine . . 14 fr.

LES AUTEURS DRAMATIQUES ET LA COMÉDIE-FRANÇAISE A PARIS AUX XVIIe ET XVIIIe SIÈCLES

D'APRÈS DES DOCUMENTS INÉDITS EXTRAITS DES ARCHIVES DU THÉATRE-FRANÇAIS

PAR

JULES BONNASSIES

Un volume.

Papier vergé . . . . 4 fr.
Papier de Chine . . . . . 8 fr.

Nous avons publié du même auteur : *Les Auteurs dramatiques et les Théâtres de province aux XVIIe et XVIIIe siècles.* Ce volume sert de complément à celui que nous annonçons ci-dessus, et il n'a été tiré qu'à 112 exemplaires au prix de 3 fr., papier vergé, et 6 fr., papier de Chine.

LA FLEUR
DES
ANTIQUITEZ
DE LA NOBLE ET TRIUMPHANTE
VILLE ET CITÉ DE PARIS

PAR

GILLES CORROZET (1532)

PUBLIÉE

PAR LE BIBLIOPHILE JACOB

Un volume.

Papier vergé . . . . 5 fr.
Papier de Chine . . 10 fr.

Collection de Documents sur l'histoire de Paris.

LE BAILLIAGE DU PALAIS ROYAL DE PARIS

PAR CHARLES DESMAZE

CONSEILLER EN LA COUR D'APPEL DE PARIS

Un volume.

Papier vergé . . . . 5 fr.
Papier de Chine . . 10 fr.

I. Juridictions renfermées dans l'ancien Palais Royal ou Palais de justice de Paris. — II. Le Palais de justice de Paris. — Sa fondation. — Incendies. — La Grand'Chambre du Palais. — Le Tribunal révolutionnaire. — Les Architectes du Palais de justice. — La Salle des Pas-Perdus. — Le Petit-Parquet. — III. Le Bailliage du Palais. — Son Personnel. — IV. Les Baillis du Palais du roi. — Leurs fonctions, leurs priviléges, leur juridiction. — V. Relevé des registres du Bailliage du Palais. — VI. La Révolution judiciaire. — VII. Iconographie du Palais de justice. — VIII. Bibliographie.

Collection de Documents sur l'histoire de Paris.

LES COUCHES

DE

MARIE DE MÉDICIS

ROYNE DE FRANCE ET DE NAVARRE

RACONTÉES PAR LOUISE BOURGEOIS

SA SAGE-FEMME

NOTICE BIOGRAPHIQUE ET NOTES

PAR LE

Dr ACHILLE CHEREAU

Un volume illustré de deux magnifiques portraits gravés sur cuivre.

Papier vergé. . . . . . . 6 fr.
Papier de Chine . . . . 10 fr.

6831. — Paris. Typ. Ch. Meyrueis, 13, rue Cujas. — 1875.

www.ingramcontent.com/pod-product-compliance
Lightning Source LLC
LaVergne TN
LVHW010614110826
845149LV00003B/904